LA ENFERMEDAD DE LOS ÁNGELES CAÍDOS

Y

LOS CAMINOS DEL ALMA

RAFAEL S. CABAL

DEDICATORIA

A Natalia

CONTENIDO

AGRADECIMIENTOS

A la infinidad de Maestros que se han cruzado en la vida.

INTRODUCCIÓN

Por supuesto que nadie tiene que creer un ápice de lo que está escrito en este texto. Lo cierto es que cuesta entender desde un lugar racional y empírico lo que supuestamente voy a afirmar aquí. Es evidente que nos puede sonar a locura y a fantasía extrema. Tal vez lo sea. Me he acostumbrado a no descartar absolutamente nada. Lo que sí sé es que lo que escribo resuena fuertemente en mi interior y desde allí nace.

Como ha dicho el escritor José Saramago: "he aprendido a no intentar convencer a nadie. El trabajo de convencer es una falta de respeto, es un intento de colonización del otro".

Para aquellos que resuene de la misma forma lo que expreso en este libro, sean más que bienvenidos. Para el resto, mi más profundo agradecimiento por intentar comprender una interpretación distinta acerca de la enfermedad, o mejor dicho, del origen de ella.

El texto será breve. Sin embargo muchos comprenderán que las palabras narradas en este espacio son removedoras de un pasado que se vuelve más vivo que nunca.

Si la Tierra albergó a los ángeles caídos, quizás su sufrimiento sea nuestra enfermedad. Quizás nuestras almas aisladas necesitan enfermarse para comprender la unidad con dios o la fuente divina.

LOS ÁNGELES CAÍDOS: UNA INTERPRETACIÓN BÍBLICA

Apocalipsis 12:7-17

"Hubo guerra en el cielo: Miguel y sus ángeles combatieron contra el dragón. Y el dragón y sus ángeles lucharon, pero no pudieron vencer, ni se halló ya lugar para ellos en el cielo. Y fue arrojado el gran dragón, la serpiente antigua que se llama el diablo y Satanás, el cual engaña al mundo entero; fue arrojado a la tierra y sus ángeles fueron arrojados con él".

La interpretación bíblica establece con claridad que en el mundo de dios hubo un enfrentamiento entre los ángeles que lo obedecían y aquellos que pretendían otra cosa. Lo importante en este caso es entender por qué se produjo ese enfrentamiento, es decir, ¿qué buscaban los ángeles rebeldes?

Veamos qué nos dice Isaías: 14:12-15

¡Cómo has caído del cielo, oh lucero de la mañana, hijo de la aurora! Has sido derribado por tierra, tú que debilitabas a las naciones. Pero tú dijiste en tu corazón: ``Subiré al cielo, por encima de las estrellas de Dios levantaré mi trono, y me sentaré en el monte de la asamblea, en el extremo norte. ``Subiré sobre las alturas de las nubes, me haré semejante al Altísimo".

De acuerdo a Isaías la rebelión fue por la intención de algunos ángeles de ocupar el trono de dios.

Lucifer significa "portador de luz". Pero este nombre también es conocido como Satanás, originalmente Luzbel, "luz bella". Aparentemente el enorme poder que crecía en Lucifer provocó que su vanidad se multiplicara y lo llevara a intentar superar y destronar a dios, siendo el principal motivo por el que fuera desterrado del paraíso, al igual que a la tercera parte de la corte celestial que se había unido a él.

Aunque éste no sería el único motivo.

De acuerdo al Génesis en los tiempos de Noé, algunos ángeles se rebelaron y abandonaron el cielo para vivir en la Tierra como humanos, supuestamente porque deseaban tener esposas (Génesis 6:2). Cuando los ángeles descendieron, según parece, la mayoría de las personas se volvió corrupta y violenta. Eso provocó la furia de dios y tomó la determinación de aniquilar a la humanidad a través del Diluvio que inundó toda la Tierra, aunque no murieron sus siervos más fieles (Génesis 7:17, 23).

Para evitar el Diluvio, los ángeles rebeldes volvieron al cielo. La Biblia se refiere a ellos como "demonios", quienes, además, decidieron unirse a la rebelión de Satanás, y él se convirtió en su gobernante (Mateo 9:34).

Cuando los llamados "demonios" volvieron al cielo, dios les impidió ser parte de su familia (Pedro 2:4).

Lucas 10:18

Y él les dijo: Yo veía a Satanás caer del cielo como un rayo.

En la batalla narrada en el Apocalipsis, los ángeles rebeldes fueron derrotados, lo que derivó en la expulsión total del paraíso. En teoría fueron enviados al infierno y por eso la denominación de ángeles caídos. Pero hay algo que resulta curioso, si están en el infierno, ¿qué hacen en la Tierra?

Esta pregunta tendría también una respuesta bíblica: el objetivo de los ángeles caídos o demonios es engañar al hombre.

¿Pero realmente es así? ¿Podemos hallar otra interpretación a lo escrito en la biblia?

¿Pero realmente es así? ¿Podemos hallar otra interpretación a lo escrito en la biblia?

LOS ÁNGELES CAÍDOS: UNA INTERPRETACIÓN NO BÍBLICA

En varios pasajes de la biblia se habla del paraíso. ¿Y qué es el paraíso? Pues bien, muchos eruditos han llegado a la misma conclusión. Podríamos definir paraíso como "el lugar en que los bienaventurados gozan de la presencia de dios".

Este punto es clave. En nuestra visión judeocristiana el paraíso es un lugar en el cielo donde estamos con dios, y el infierno, por el contrario, "es un lugar de destrucción espiritual y corporal (Mateo 10:28)".

Lo que nos separa del infierno y del paraíso es el pecado. El pecado sería ir en contra de los mandamientos de dios o de la palabra de dios y como consecuencia de ello permanecemos en el infierno, como sucedió con los ángeles caídos.

Ahora bien, imaginemos otra interpretación.

Imaginemos que el paraíso no es estar con dios, sino ser parte de la unidad divina, de la fuente divina. Es decir, el paraíso sería volvernos dios, no como un ser individual divino, sino como un todo.

Sé que este concepto puede ser complejo de entender, así que voy a utilizar el mismo ejemplo que utilizó Al-Hallaŷ, un maestro sufí quien fuera ejecutado en Bagdad el 27 de marzo del 922 por ser supuestamente hereje de la religión musulmana. Fue ejecutado mediante la horca, crucificado, mutilado y quemado. Le aplicaron cuatro castigos por decir "Yo soy la verdad", que en ese entonces era lo mismo que decir "Yo soy dios" (Ana'l-Haqq). Recordemos que "verdad" es uno de los noventa y nueve nombres de Alá.

Evidentemente hacer esa afirmación es una locura en un mundo donde se considera a Alá todopoderoso, al igual que Yaveh. Pero curiosamente Al-Hallaŷ tenía una interpretación diferente y que fue incomprendida, incluso hasta el día de hoy. Nunca afirmó que él era el dios todopoderoso y omnipresente. No se colocó como el único dios. No dijo que Alá no era dios. Él tenía una visión mística de la divinidad.

Cuando un discípulo le preguntó sobre cómo podía explicar a dios Al-Hallaŷ fue muy claro: "imagina el mar", le dijo. "Imagina que ese mar es dios". Y luego prosiguió: "ahora imagina que tú eres una gota de ese mar". Lo que nos lleva a la conclusión de que todos somos dios. Para Al-Hallaŷ no hay un dios todopoderoso que decide quién vive en el infierno o en el paraíso. Más bien, quien comprende que cada ser vivo es parte de dios, ya está en el paraíso. Obviamente que es una interpretación que podemos vincularla claramente con el panteísmo. No hay un dios superior, sino que todo lo que es, es dios.

El paraíso sería esa consciencia divina. Ese estar unido al todo, esa conexión cósmica que nos vuelve uno.

Pero si ser consciente de la divinidad, si sentirnos unidos a la fuente divina, es vivir en el paraíso, ¿qué sería el infierno?

El infierno justamente es vivir en la no consciencia. El infierno es alejarme de la fuente divina, apartarme de la unidad, para ser uno separado del todo. El infierno es vivir en la consciencia de la individualidad, en lo que podríamos llamar egocentrismo: el mundo girando en mí mismo.

¿Es posible que los ángeles caídos hayan recorrido ese camino? O sea, ¿es posible que los ángeles caídos se hayan rebelado a la unidad divina para vivir en la individualidad?

Sí, es posible. Pero también es posible que el alejarse de la divinidad para vivir en la individualidad sea parte de una experiencia necesaria para comprenderse en la unidad.

¡Sé que suena complejo!

Pero es posible creer que alejarse de dios, o sea, apartarse de la unidad divina o de la fuente divina, es necesario para ser consciente de esa divinidad. Podemos poner un ejemplo más claro. Si todos viviéramos en la luz, ¿cómo podemos saber que vivimos en la luz si no conocemos la oscuridad?

Entonces, si el paraíso es la unidad divina, y el infierno el separarse de ella, transitar por el infierno se vuelve necesario para comprender lo que es la unidad divina.

Y lo que nos separa de la consciencia de unidad y nos vuelca al infierno es el pecado.

La pregunta clave que sigue es: ¿qué es el pecado? O sea, ¿qué es lo que genera que pueda escindirme de la consciencia divina (paraíso) y "bajar" a la consciencia egocéntrica (infierno)?

¿CÓMO PODEMOS INTERPRETAR EL PECADO?

Evidentemente que si estamos viviendo el infierno de la individualidad, cada vez que pecamos nos sumergimos más en él. ¿Acaso los pecados capitales no son para satisfacer nuestro ego, nuestros impulsos más bajos y egocéntricos?

Lujuria, gula, avaricia, pereza, ira, envidia y soberbia.

¿Cuál de ellos fomenta la consciencia de unidad? Ninguno. Pero esos pecados no son los únicos. ¿Un homicidio, acaso, qué consciencia de unidad representa? Ninguna. ¿El robo? Ninguna.

Cuanto más vivimos en pecado más nos sumergimos en las profundidades del infierno, más satisfacemos nuestro ego y nuestra consciencia individual.

El pecado claramente nos separa de la fuente divina,

hace que, tomando el ejemplo de Al-Hallaŷ, seamos una gota y no el mar.

Pero nuestra interpretación del pecado no es negativa. Más bien se vislumbra como algo necesario. ¿Cómo hace la gota para saber que es el mar? Tiene que reconocerse como gota en él. Y para reconocerse como mar debe tener el conocimiento que le otorga el ser gota.

Eso es el pecado. El pecado es el conocimiento. Para experimentar el conocimiento se vuelve necesario recorrer el infierno. Entonces el conocimiento nos permite separarnos del paraíso (fuente divina o dios) para, luego, reconocernos como totalidad.

Lo podemos ver en la película de ciencia ficción Matrix, cuando el protagonista, Neo, tiene que elegir entre la píldora azul o roja. La roja, mismo color que la manzana en el paraíso, te despierta, te desconecta del todo y te reconocés en la realidad. La píldora azul te mantiene conectado a la Matrix. Para salir de ella hay que pecar ingiriendo la pastilla roja.

En la biblia tenemos dos explicaciones para poder continuar con nuestra interpretación.

EL PECADO ORIGINAL

Todos tenemos claro el relato del pecado original, es decir, el primer pecado cometido por el hombre. De todos modos vale la pena repasarlo. No tiene desperdicio.

La serpiente era más astuta que todos los animales salvajes que el SEÑOR Dios había hecho, así que le preguntó a la mujer:

—¿Es cierto que Dios les dijo que no coman de ningún árbol del jardín?

Y la mujer le respondió:

—Podemos comer los frutos de los árboles del jardín. Pero Dios nos dijo: "No deben comer frutos del árbol que está en medio del jardín, ni siquiera tocarlo porque si lo hacen morirán".

Entonces la serpiente le dijo a la mujer:

—Con seguridad no morirán. Incluso Dios sabe que cuando ustedes coman de ese árbol, comprenderán todo mejor; serán como dioses porque podrán diferenciar entre el bien y el mal.

Cuando la mujer vio que el árbol era hermoso y los frutos que daba eran buenos para comer, y que además ese árbol era atractivo por la sabiduría que podía dar, tomó algunos frutos del árbol y se los comió. Su esposo se encontraba con ella, ella le dio, y él también comió.

Como si se les abrieran los ojos, se dieron cuenta de que estaban desnudos. Entonces se hicieron ropa cosiendo hojas de higuera.

En medio de un ventarrón retumbaba la voz del SEÑOR Dios que caminaba por el jardín. Entonces al oírlo, el hombre y la mujer se escondieron del Señor Dios entre los árboles del jardín. El SEÑOR Dios llamó al hombre y le dijo:

—¿Dónde estás?

El hombre le respondió:

—Escuché que andabas por el jardín y me asusté porque estaba desnudo, entonces me escondí.

Luego Dios le preguntó:

—*¿Quién te dijo que estabas desnudo? ¿Acaso has comido del árbol del que les prohibí comer?*

El hombre dijo:

—*La mujer que me diste por compañera me dio del fruto de ese árbol, y yo comí.*

Luego el SEÑOR Dios le preguntó a la mujer:

—*¿Conque esas tenemos?*

Y la mujer respondió:

—*La serpiente me engañó y yo comí.*

Entonces el SEÑOR Dios le dijo a la serpiente:

—*Por haber hecho esto, entre todos los animales, sólo tú serás castigada.*

Tendrás que arrastrarte sobre tu vientre y comerás polvo todos los días de tu vida.

Haré que tú y la mujer sean enemigas y que tu descendencia sea enemiga de la de ella. La descendencia de ella buscará aplastarte la cabeza mientras tú le tratarás de picar en el talón.

Después Dios le dijo a la mujer:

—*Te daré más trabajo y multiplicaré tus embarazos; y con todo y tu duro trabajo, tendrás también que dar a luz a los hijos.*

Desearás estar con tu marido, pero él te dominará a ti.

Luego Dios le dijo al hombre:

—Ya que tú obedeciste a tu mujer y comiste del árbol que yo te había prohibido, la tierra estará maldita por tu culpa.

Tendrás que conseguir la comida por medio de duro trabajo, durante todos los días de tu vida.

Del suelo nacerán cardos y espinas para ti, y tendrás que comer plantas del campo.

Obtendrás tu comida trabajando duramente hasta que mueras y regreses al polvo, porque tú saliste de allí. Polvo eres y en polvo te convertirás.

Luego el SEÑOR Dios dijo: «Miren, el hombre y la mujer se han convertido en seres como nosotros, pues saben reconocer el bien y el mal. Ahora tienen a su alcance los frutos del árbol de la vida, para comerlos y vivir para siempre».

Entonces el SEÑOR Dios los sacó del jardín del Edén a trabajar la tierra, de la cual el ser humano estaba hecho. Los expulsó y luego puso al oriente del jardín del Edén unos querubines y una espada en llamas que giraba para cerrar el camino de regreso al árbol de la vida.

El pecado de Adán y Eva fue el momento clave donde la humanidad tomó consciencia de sí misma, siendo expulsada del paraíso. Es decir, siendo expulsada del Edén, de la unidad divina, de dios.

Al igual que con los ángeles caídos, dios expulsó del paraíso a Adán y a Eva por pecar.

Eso podría verse como un castigo. Evidentemente el mundo judeocristiano así lo interpreta desde hace varios siglos. Pero tal vez podríamos darle un giro al texto bíblico.

El punto de quiebre es cuando Eva come la manzana. Allí realiza el pecado. Comer el fruto prohibido. Pero si es un fruto prohibido, ¿para qué estaba en el Edén del todopoderoso?

Pues ese fruto, la manzana, es un portal, un portal hacia la dimensión del conocimiento. La misma serpiente se los dice: *"cuando ustedes coman de ese árbol, comprenderán todo mejor; serán como dioses porque podrán diferenciar entre el bien y el mal"*. ¿Qué es diferenciar el bien y el mal? Justamente: **conocimiento**. La capacidad de discernir entre la luz y la oscuridad, la capacidad de discernir entre la unidad divina y la individualidad.

Pero antes, dios les había dicho con claridad que *ni siquiera tocarlo* (podían) *porque si lo hacen morirán.* ¿Por qué dios le dijo que morirían si tocaban el árbol del manzano? De hecho no murieron físicamente. Pero sí algo cambió, vieron la realidad con ojos nuevos, al decir de Gandhi. La realidad tal cual la vivían, se transformó. Ahora tenían consciencia de ella. *"Como si se les abrieran los ojos, se dieron cuenta de que estaban desnudos".* Es extremadamente claro, tomaron consciencia de sí mismos. El conocimiento les permitió ver la realidad de otra manera, separados de la totalidad divina, separados de la consciencia de unidad. ¡Ahora veían! ¡Ahora conocían! ¡Quedaron desnudos ante la experiencia de la vida!

Eso mismo les sucedió a los ángeles caídos. Se vieron a sí mismos como individuos, sabiendo distinguir entre el bien y el mal. Tomaron consciencia de su individualidad y su pecado, o sea, su conocimiento, les trajo el castigo del infierno.

Ese mismo castigo lo padecieron supuestamente Adán y Eva.

Tendrás que conseguir la comida por medio de duro trabajo, durante todos los días de tu vida. Del suelo nacerán cardos y espinas para ti, y tendrás que comer plantas del campo.

O también señala más adelante: *el SEÑOR Dios los sacó del jardín del Edén a trabajar la tierra, de la cual el ser humano estaba hecho. Los expulsó...*

Expulsarlos del jardín del Edén simboliza la separación de la fuente divina o de dios a partir del pecado del conocimiento. El conocimiento los obliga a conseguir sustento donde nacen cardos y espinas. Es decir, el conocimiento implica vivir la experiencia, adentrarse en la vida misma, en embarrarse.

El infierno entonces, el lugar de la expulsión, el estar fuera del Edén o del paraíso, se resume en la experiencia de vivir. Y cuanto más vivamos la experiencia, más podremos reconocernos como la gota del mar.

¿Se vuelve necesario vivir la experiencia eternamente? Es decir, ¿Adán y Eva fueron expulsados para siempre del Edén? ¿Y los ángeles caídos?

La respuesta a esa interrogante nos la brindó Jesús.

Pero antes de ir a esa respuesta tenemos que permanecer un poco más en el mito bíblico del pecado original.

22

LOS ROLES DE LA SERPIENTE Y DE EVA EN EL PARAÍSO

Según afirma Eva, ellos comieron del fruto prohibido a través del engaño de la serpiente. Fue ella la que los impulsó a comer la manzana.

La manzana tenía que ser un fruto prohibido porque de alguna manera al comerla nos separa de la unidad divina y nos vuelve conscientes de nuestra individualidad. Es lógico entonces que se le llame fruto prohibido. Pero en realidad la prohibición es simbólicamente necesaria.

La manzana simboliza el conocimiento, y éste es vital para poder reconocerme como individuo. Si no adquiero el conocimiento no tengo consciencia de mí mismo.

En el relato la serpiente juega un rol clave, es la que estimula a Adán y Eva a conocer, a discernir entre el bien y el mal, a alcanzar la sabiduría, a desnudarse, salir del paraíso, y reconocerse.

La serpiente es la que nos empuja al conocimiento, a la experiencia de la vida. Vivir, entonces, es alejarse de la unidad divina.

Para la mirada judeocristiana tradicional la serpiente es el demonio. O sea, es el demonio quien nos impulsa a reconocernos como individuos y apartarnos de la unidad divina.

Sin embargo la serpiente no era vista de esa forma por los primeros israelitas ni tampoco por los sumerios. Fueron los cristianos los que la demonizaron.

En Oriente la serpiente estaba relacionada con el ciclo de la vida, como se puede apreciar en el poema de Gilgamesh, donde pierde su inmortalidad debido a una de ellas.

La serpiente muda su piel y simboliza la renovación. En ese sentido el ciclo de la vida se podría reflejar entre el tránsito del paraíso al infierno, es decir, de vivir en la unidad divina para luego reconocerse como individuo y posteriormente regresar a la totalidad.

Por algo es Eva la que come el fruto prohibido, la que se abre al conocimiento. Es la mujer la que puede engendrar vida. Y así dios se lo hizo saber cuando le dijo que iba a parir con dolor. Es que el pecado, es decir, el tomar conocimiento de mi individualidad, implica dolor por verme alejado de la unidad divina. Me alejo de la plenitud para vivir la experiencia "entre cardos y espinas". Eso es el infierno, reconocerme como individuo separado de la unidad.

En la mirada tradicional cristiana la mujer es engañada por el diablo para sucumbir al deseo. Por ese motivo muchas de ellas fueron prendidas fuego en hogueras, por tentar al hombre a pecar.

Sin embargo podríamos establecer otra lectura, es lo femenino lo que nos otorga el conocimiento de la vida, lo que nos inspira a la sabiduría y a la experiencia de reconocernos como gota del mar que todos llaman dios. Sin ese conocimiento nuestras almas no serían capaces de reconocerse y de transitar el camino de regreso a la unión divina.

En la sociedad patriarcal que hemos establecido, la mujer es la que promueve el pecado original, y por eso hay que castigarla, y la serpiente es el diablo que nos lleva a pecar. La función de Satán es engañarnos para alejarnos del paraíso.

En realidad, de acuerdo a nuestra interpretación, la serpiente y el pecado representan la oportunidad del conocimiento. Sin ellos, sería imposible reconocernos como individuos (gota del mar) y por lo tanto no tendríamos consciencia de lo que es el mar (dios).

Podríamos pensar, a partir de este criterio, que los ángeles caídos eligieron vivir la experiencia, renovar la vida alejándose de la fuente divina, de dios. Pero al mantenerse viviendo la experiencia se arraiga el sufrimiento y por lo tanto surge la enfermedad.

El problema es cuando el alma se mimetiza con el personaje que vive la experiencia de la separación. De alguna manera, el alma, que es parte de nuestra esencia divina (la gota) vive entre "cardos y espinas" para reconocerse pero en algún momento necesita reconectar con el mar, dios. ¿Qué es una gota sin el mar?

Aquí el Antiguo Testamento nos presenta un gran problema. En él vemos a un dios vengativo que expulsa a los ángeles caídos al infierno y a Adán y Eva los aparta del paraíso. Para ese dios vengativo y rencoroso no hay una nueva oportunidad. En este plano las almas están condenadas a vivir la experiencia una y otra vez, lo que lleva al sufrimiento por no poder volver al paraíso.

El demonio siempre sería demonio. El pecador, aquél que se aleja de la unidad divina para reconocerse, estaría condenado al infierno por la eternidad. En el Antiguo Testamento no hay espacio para pecar, no hay espacio para la sabiduría.

Sin embargo, la llegada de Jesús proporcionó una nueva lectura. El pecado no tendría un castigo eterno. La expulsión del paraíso, de la unidad divina, cobra un nuevo significado.

LA PARÁBOLA DEL HIJO PRÓDIGO

Tomada del evangelio de Lucas las palabras de Jesús nos brindan un mensaje muy elocuente. Dijimos antes que el pecado en el Antiguo Testamento tiene un significado diferente tras la llegada de Cristo.

En la Parábola del Hijo Pródigo podemos entender eso que estamos diciendo.

11 También dijo: Un hombre tenía dos hijos;

12 y el menor de ellos dijo a su padre: Padre, dame la parte de los bienes que me corresponde; y les repartió los bienes.

13 No muchos días después, juntándolo todo el hijo menor, se fue lejos a una provincia apartada; y allí desperdició sus bienes viviendo perdidamente.

14 Y cuando todo lo hubo malgastado, vino una gran hambre en aquella provincia, y comenzó a faltarle.

15 Y fue y se arrimó a uno de los ciudadanos de aquella tierra, el cual le envió a su hacienda para que apacentase cerdos.

16 Y deseaba llenar su vientre de las algarrobas que comían los cerdos, pero nadie le daba.

17 Y volviendo en sí, dijo: !!Cuántos jornaleros en casa de mi padre tienen abundancia de pan, y yo aquí perezco de hambre!

18 Me levantaré e iré a mi padre, y le diré: Padre, he pecado contra el cielo y contra ti.

19 Ya no soy digno de ser llamado tu hijo; hazme como a uno de tus jornaleros.

20 Y levantándose, vino a su padre. Y cuando aún estaba lejos, lo vio su padre, y fue movido a misericordia, y corrió, y se echó sobre su cuello, y le besó.

21 Y el hijo le dijo: Padre, he pecado contra el cielo y contra ti, y ya no soy digno de ser llamado tu hijo.

22 Pero el padre dijo a sus siervos: Sacad el mejor vestido, y vestidle; y poned un anillo en su mano, y calzado en sus pies.

23 Y traed el becerro gordo y matadlo, y comamos y hagamos fiesta;

24 porque este mi hijo muerto era, y ha revivido; se había perdido, y es hallado. Y comenzaron a regocijarse.

25 Y su hijo mayor estaba en el campo; y cuando vino, y llegó cerca de la casa, oyó la música y las danzas;

26 y llamando a uno de los criados, le preguntó qué era aquello.

27 Él le dijo: Tu hermano ha venido; y tu padre ha hecho matar el becerro gordo, por haberle recibido bueno y sano.

28 Entonces se enojó, y no quería entrar. Salió por tanto su padre, y le rogaba que entrase.

29 Mas él, respondiendo, dijo al padre: He aquí, tantos años te sirvo, no habiéndote desobedecido jamás, y nunca me has dado ni un cabrito para gozarme con mis amigos.

30 Pero cuando vino este tu hijo, que ha consumido tus bienes con rameras, has hecho matar para él el becerro gordo.

31 Él entonces le dijo: Hijo, tú siempre estás conmigo, y todas mis cosas son tuyas.

32 Mas era necesario hacer fiesta y regocijarnos, porque este tu hermano era muerto, y ha revivido; se había perdido, y es hallado.

Aquí tenemos varios aspectos a considerar. Pero siguiendo el hilo de lo que venimos diciendo lo primero que podemos interpretar es ¿a quién representa la figura del padre? Sin dudas que podríamos interpretar que esa figura representa a dios. Y el estar en familia y en abundancia podríamos interpretarlo como el paraíso, como la unidad divina.

Uno de los hijos decide apartarse de esa unidad divina,

decide salir al mundo y conocer. Pero antes le pide a su padre que le reparta lo que supuestamente le corresponde. El padre sin ningún reparo le otorga los bienes solicitados por su hijo.

El hijo se va y conoce el mundo, vive la experiencia, se reconoce lejos de su familia y de la unidad. Conoce una realidad diferente a la de su paraíso familiar, donde allí lo tenía todo.

Sin embargo ocurre algo supuestamente trágico. En la búsqueda de su conocimiento, en el vivir la experiencia lejos de la unidad familiar (paraíso), lo pierde todo, se queda sin nada (infierno). El hijo pasa hambre y se da cuenta que su decisión de alejarse de su familia le hace reconocer la importancia de ésta. O sea, el reconocerse perdiéndolo todo le hace valorar la unidad familiar.

Perfectamente podríamos interpretar esta situación con lo vivido por los ángeles caídos o por Adán y Eva. En ambas situaciones cometen pecado, y el pecado es alejarse de dios. Cuando el hijo se aleja y lo pierde todo está pecando. Y el pecado, como dijimos antes, simboliza el conocimiento, la experiencia de vivir una realidad diferente para reconocerse como parte de un todo.

Y cuando decide volver el padre no lo castiga, no lo rezonga, no lo reprocha. Lo recibe celebrando, incluso festejan con su mejor becerro, el más gordo.

Este tramo del Nuevo Testamento nos brinda una visión diferente a lo que sucedió con Adán y Eva. Al primer hombre y a la primera mujer dios los castigó, viviendo entre los cardos y las espinas y pariendo hijos con dolor. Mientras tanto, en la parábola del Hijo Pródigo podemos percibir otro mensaje. El mensaje del amor. El padre recibe al hijo que se alejó y lo hace desde el amor, entregándole todo, volviendo a conectarlo en la unidad divina o familiar.

Este punto es algo maravilloso. Luego de salir de la unidad divina, luego de vivir la experiencia del infierno alejándonos del paraíso, está en nosotros volver; y si tomamos esa decisión, dios, o la unidad divina, nos recibe con todo su amor, más allá de lo que hayamos realizado. El padre no le preguntó al hijo sobre los pecados que cometió, solamente celebró su regreso de la mejor forma posible. No le dijo en ningún momento "antes de entrar a casa tienes que devolver todo lo que perdiste". Más bien se dio todo lo contrario, lo recibió con un amor inagotable.

Eso podríamos decir que es el paraíso, la unidad divina es amor, el paraíso es el amor, la plena consciencia que somos uno en todo sin condiciones.

También tenemos que considerar lo que sucede con el

otro hijo. Es quien sí reprocha al padre y al hermano. Es el que viviendo en el paraíso no está conforme con lo que ve y vive. Le reprocha al padre el hecho de haber recibido al hermano después de haberse ido y además con el becerro más gordo. Y el padre le responde "tú siempre estás conmigo, y todas mis cosas son tuyas". Es decir, ambos son la unidad, son lo mismo, forman el paraíso.

El mensaje aquí es extremadamente potente. Dios no juzga, es la conciencia en sí, y también es la conciencia que toda persona lleva consigo. Dios, o la fuente divina, es quien motiva el conocimiento para reconocerse a sí mismo y es el lugar donde lo es todo, la conexión plena, la vida misma.

La parábola se cierra con el mensaje del regocijo por hallar al hermano que se había perdido (*tu hermano se había perdido, y es hallado*).

¿Qué es perderse? En nuestra interpretación perderse es desconectarse de la unidad divina, emerger del mar del que nos habla Al-Hallaŷ y alejarse como gota de él. Pero en la perdición está el hallarse. En esa muerte está el vivir (*tu hermano era muerto, y ha revivido*).

Es imposible encontrarnos sin perdernos primero. En ese sentido pecar, cobrar conciencia de mí mismo, me permite también cobrar conciencia de la existencia de "algo" que está más allá de mí mismo y del cual soy parte. Si el perderme es desconectarme, es ese acto de desconexión el que me permite cobrar conciencia de mí y luego volver a conectar. Perderme y hallarme, morir y revivir.

Cuando Adán y Eva se percataron luego de comer la manzana que estaban en el jardín del Edén **desnudos**, se dieron cuenta de su propia existencia y se desconectaron del paraíso.

Los ángeles caídos se desconectaron de la unidad divina y el permanecer en esa desconexión es lo que provoca la enfermedad. La enfermedad es parte de nuestro infierno, el dilapidar nuestros bienes como hizo el hijo que se alejó de su padre. La enfermedad está reflejando nuestra desconexión con dios o con la unidad divina. Pero si dios no juzga, no podemos ver la enfermedad como un castigo divino, sino como la consecuencia de alejarnos de él para reconocernos a nosotros mismos.

En la unidad divina no hay enfermedad.

36

UNA MIRADA EGIPCIA

Diversas culturas presentan interpretaciones en sintonía con la que venimos desarrollando.

En una de esas culturas que se ve con claridad el proceso de vivir la experiencia de reconocerse para luego regresar a la unidad divina es en el Antiguo Egipto.

Así en el Sarcófago de Petamón, que se puede apreciar en el Museo de El Cairo, distinguimos las siguientes palabras:

Yo soy Uno que se transforma en Dos

Yo soy Dos que se transforma en Cuatro

Yo soy Cuatro que se transforma en Ocho

Y después soy Uno

De algún modo podemos seguir insistiendo en el hilo conductor que venimos desarrollando. De la unidad, del paraíso, de dios, emerge una forma que aleja, se reconoce a sí mismo y luego vuelve a la unidad.

En Heliópolis, por ejemplo, la creación cósmica está descrita en una figura: Atum, que es el nombre que se le da al Uno. Atum significa el todo y la nada, la totalidad potencial del cosmos, "el aliento vital que habita en todas las cosas". Atum representa una similitud clara con el dios judío o católico. De él surgen el resto de los dioses. Los dioses egipcios son una transformación del Uno que se divide y multiplica a la vez.

De su corazón origina los ocho principios fundamentales (*Yo soy Cuatro que se transforma en Ocho*), y que, junto a él, conforman los llamados Nueve, las divinidades egipcias: Shu, Tefnut, Geb, Nut, Osiris, Isis, Seth y Neftis.

En la tradición egipcia de Menfis, los Ocho fueron llamados los padres y madres de Ra, quien es el mismo sol, el principio de la luz que se expande en la Tierra.

También nos interesa el relato de Tebas. "En el origen de los tiempos había una serpiente: Kam-at-f". Al igual que en las palabras del Antiguo Testamento, es la serpiente la que inicia el ciclo del hombre, el ciclo del conocimiento, del pecado. En este caso la serpiente es la que genera la dimensión tiempo. En la unidad divina, en el paraíso, el tiempo no existe.

En el papiro Leiden I, que consta de 27 estrofas, podemos distinguir las siguientes palabras:

Tres dioses son todos los dioses: Amón, Ra y Ptah, que no tienen igual. Aquél cuyo nombre está oculto es Amón, cuyo rostro es Ra y cuyo cuerpo es Ptah.

Sin dudas que podemos emular una similitud con la cultura cristiana: padre, hijo y espíritu santo. La trinidad en diversas civilizaciones juega un rol preponderante.

Pero esa trinidad surge desde el momento en que el Uno (dios) se contempla a sí mismo y aparece el otro (*Yo soy Uno que se transforma en Dos*). La contemplación en sí mismo es lo que genera el momento de la transformación. Y esa transformación es reconocerse a sí mismo, contemplarse. Para contemplarme debo salir de mí, debo separarme de la unidad divina, de lo que es. De allí en más se origina una cascada de contemplaciones que llevan a transformaciones constantes. Es, tomando el ejemplo de *La parábola del Hijo pródigo*, cuando el hijo se aleja de la unidad familiar. Es decir, ese hijo se separa para contemplarse, para reconocerse. Lo mismo ocurre con Adán y Eva cuando comen la manzana, se ven **desnudos**, es decir, se ven, se contemplan separados del paraíso.

El pecado entonces podríamos decir que es la separación de la unidad divina para contemplarnos, para reconocernos como gota en el mar de dios.

En el Antiguo Testamento el pecado se castiga, en el Nuevo se alienta y se celebra. En el Antiguo Egipto, es el destino mismo reflejado en Seth. Es Seth el que rompe el equilibrio cósmico, el que genera el "pecado" en los egipcios. La serpiente Apofis es la responsable de las sequías, los terremotos, las tormentas, las plagas. Solamente Seth, quien tiene los mismos atributos, la puede enfrentar.

La serpiente, al igual que en el génesis bíblico, es la causa de la separación con la unidad divina.

Esa misma separación que protagonizaron los ángeles caídos.

En los textos egipcios podemos vislumbrar una frase poderosa:

"Todo cuanto ha sido creado regresará al Nun...

Solo yo persisto, desconocido, invisible para todos"

Es decir, todo aquello que se separa de la unidad divina, vuelve, regresa, al igual que lo hizo el hijo alejado de su padre.

¡Oh, levántate! Has recibido tu cabeza, tus huesos se han vuelto a unir, te han sido devueltos tus miembros. ¡Sacúdete el polvo! (Textos de las pirámides).

En el Antiguo Egipto, cuando alguien muere, se presenta a un juicio que le muestra dos caminos. Por un lado continuar en la separación, reencarnando nuevamente. Por otro, volver a la fuente divina, a la unidad, al océano cósmico. Si el corazón pesa más que la pluma la reencarnación es inevitable. Pero si el corazón se ha reconocido como tal es capaz de regresar a la consciencia cósmica, a la unidad divina, al paraíso.

Al igual que en la tradición judeo-cristiana, la enfermedad radica en la experiencia de la desconexión con la unidad divina. Pero esa experiencia es necesaria para reconocerse a sí mismo como parte de la totalidad.

Lo cierto es que el camino del regreso, el camino de la salud plena y de la conexión cósmica, como bien lo ha planteado Cristo, es el amor. El amor es lo que nos permite reconocernos en la dualidad de uno y todo, de conectar con el mar del que somos parte. El amor es nuestro pegamento con la unidad cósmica.

COSMOGONÍA MAYA

Es curioso el simbolismo de la serpiente en la visión de los mayas. Digo curioso por algunas coincidencias con la línea argumentativa que se viene desarrollando en este texto.

La serpiente para los mayas representa el mundo terrenal y la sabiduría del hombre. Es considerada la encarnación terrestre del sol. Por ello la adoración a Kukulcán o Quetzalcóatl, la serpiente emplumada que descendió hacia la Tierra

Lo mismo interpretamos en este texto sobre el rol o la función de la serpiente en la Biblia. Dijimos que la serpiente fomenta el pecado de Adán y Eva y que ese pecado representa el conocimiento de sí mismos, el darse cuenta que **son** más allá de la unidad cósmica en la que se encontraban antes de masticar la manzana.

Otro aspecto que me interesa considerar tiene que ver con la creación del hombre.

En el Popol Vuh, el libro sagrado de los mayas, el relato nos muestra que los dioses intentaron crear al hombre y fallaron en sus primeros intentos. Al principio intentaron armar hombres de barro, pero se deshacían con la lluvia. Posteriormente intentaron con hombres de madera y tampoco funcionó ya que no cumplían con sus rituales. Finalmente probaron con algo que sí les funcionó, una mezcla de maíz y sangre, su propia sangre. Allí surgió el ser humano. A partir de la sangre de los dioses ("a su imagen y semejanza", diría la Biblia). Es decir, el hombre surge en la tradición maya como una extensión divina, no como un elemento por fuera de ella.

Somos divinidad, somos una extensión de DIOS en la Tierra, somos parte de la unidad cósmica y nacimos gracias a la expansión de consciencia de nuestra propia divinidad.

Somos consciencia expandiéndose, viviendo la experiencia, como el hijo que se alejó del padre para conocer el mundo según podemos leer en el Nuevo Testamento.

EL SELLO DE SALOMÓN O LA ESTRELLA DE DAVID Y LOS MASONES

Muchas visiones existen acerca del Sello de Salomón o también conocido como Estrella de David. Este símbolo, una estrella de seis puntas, es utilizado en la bandera de Israel y ha estado asociado al pueblo judío por muchos años.

Sin embargo los judíos no fueron identificados con él hasta el siglo XIV, incluso algunos investigadores hablan del siglo XVII. Se comenzó a utilizar en la comunidad judía de Praga.

De todos modos el símbolo, como vemos a continuación, es un hexagrama. Una estrella de seis puntas. El símbolo está identificado con la historia del rey Salomón y por lo tanto tiene relevancia para los judíos, cristianos y musulmanes.

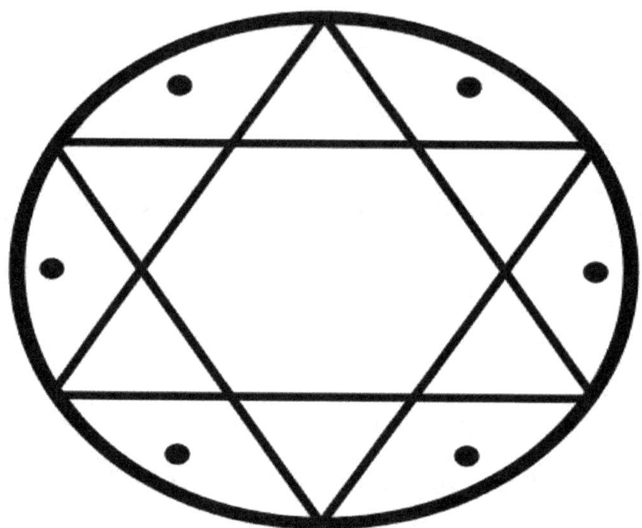

Según la leyenda, Salomón poseía un anillo con ese símbolo y con él era capaz de protegerse de fuerzas malignas.

Por eso tanto los judíos como musulmanes han grabado el Sello de Salomón en las puertas de sus casas e incluso en las entradas de sus ciudades, como forma de protección.

Al ver la imagen podemos apreciar que el hexagrama es

la unión de dos triángulos equiláteros y ese símbolo ya existía previamente en varias culturas.

También vemos que en la Escuela Pitagórica la estrella tenía una interpretación geométrica. Pitágoras veía en él un simbolismo cósmico, el triángulo con punta hacia arriba representa el cielo y el otro triángulo, con punta hacia abajo, es su reflejo en la Tierra; es decir, lo divino y su espejo que es la creación, el espíritu y la materia.

Los masones representan este mismo concepto en su

principal símbolo que es la escuadra y el compás.

Dos triángulos, en este caso no son equiláteros, pero tienen el mismo simbolismo.

En el centro de ambos triángulos, que son dos herramientas utilizadas para la construcción, vemos la letra G, de GADU. GADU para los masones son las siglas del Gran Arquitecto del Universo, lo que muchos podrían llamar dios.

La escuadra es considerada para los masones como el símbolo de la materia, mientras que el compás es el símbolo del espíritu.

En este caso podemos ver las coincidencias con la interpretación del Sello de Salomón y con la mirada de Pitágoras: un triángulo representa lo divino y el otro la materia.

De alguna manera esta tradición simbólica refuerza lo que se viene diciendo en este texto: el ser humano es lo divino en la Tierra, una partícula de la unidad cósmica hecha materia.

EL YIN Y EL YANG

La misma interpretación simbólica la podemos ver en la cosmovisión del taoísmo y su principal emblema.

Este símbolo pretende explicar la existencia de dos fuerzas complementarias que son esenciales en el universo: el yin, vinculado a lo femenino, la oscuridad, la pasividad y la tierra; y el yang, identificado a lo masculino, la luz, lo activo y el cielo.

Otra vez vemos el simbolismo entre el espíritu y la materia.

La palabra Yin significa "lado oscuro" y Yang "lado soleado". La Tierra es la oscuridad y el cielo es el sol. Podríamos decir también infierno y paraíso.

El aporte esencial del simbolismo Yin y Yang es que vemos dos mitades que juntas completan un todo. Cuando algo es un todo, es inmutable y completo. Pero cuando se divide en dos mitades como en el Yin Yang se altera el equilibrio de la totalidad. Esto permite o condiciona a que ambas mitades se "persigan" mientras buscan un nuevo equilibrio entre sí.

El Yin y Yang son también el punto de partida para el cambio. Es, utilizando el ejemplo de la Parábola del Hijo Pródigo, cuando el hijo se aleja del padre, rompe la totalidad para vivir la experiencia y luego retorna al equilibrio de la unidad.

Lo mismo ocurrió con Adán y Eva, al comer la manzana parten la unidad cósmica del paraíso y viven la

Experiencia de la materia, rompiendo el equilibrio pero deseando reestablecerlo.

Con los ángeles caídos vemos el mismo significado, ellos rompen la unidad divina, totalidad, alterando el equilibrio para vivir la experiencia material en la Tierra.

Cuando nos desconectamos de la totalidad, de la unidad divina, alteramos el equilibrio y allí se produce la enfermedad. Es el sentirnos desconectados lo que nos enferma. La enfermedad es un camino que tomamos para reestablecer el equilibrio perdido o para perseguir un nuevo equilibrio con la unidad cósmica.

LA DESCONEXIÓN CON LA UNIDAD DIVINA COMO FUENTE DE ENFERMEDAD

Apocalipsis 12:7-17

"Hubo guerra en el cielo: Miguel y sus ángeles combatieron contra el dragón. Y el dragón y sus ángeles lucharon, pero no pudieron vencer, ni se halló ya lugar para ellos en el cielo. Y fue arrojado el gran dragón, la serpiente antigua que se llama el diablo y Satanás, el cual engaña al mundo entero; fue arrojado a la tierra y sus ángeles fueron arrojados con él".

Tanto para los mayas como para el relato bíblico la serpiente y el dragón se confunden en el mismo simbolismo. En ambos casos representan la sabiduría del hombre, o sea, la capacidad del ser humano de cobrar consciencia de sí mismo y transitar del mundo divino al mundo terrenal para luego regresar.

Los ángeles caídos son ángeles de consciencia expandiéndose, separados de la unidad cósmica. La guerra en el cielo entre Miguel y sus ángeles contra la serpiente, puede ser interpretada como algo más que una lucha, puede ser vista como la consciencia expandiéndose y viviendo la experiencia del conocimiento.

Tanto en la visión bíblica, como la egipcia o la maya, el ser humano se aleja de la unidad cósmica (cielo, paraíso, Valhalla para los vikingos), transita por la experiencia de la vida (pecado, conocimiento) y luego regresa a la unidad, a la creación misma, a dios o a la fuente divina.

Los ángeles caídos representan la consciencia divina expandiéndose, viviendo la experiencia de reconocerse a sí misma para ampliarse. El problema allí es cuando al alejarnos de la unidad divina o de la consciencia cósmica, nos desconectamos.

Al desconectarnos con nuestra divinidad, es decir, cuando dejamos de reconocernos a nosotros mismos en la unidad, deviene sin frenos la enfermedad.

La enfermedad surge como manifestación de desconexión con el océano cósmico. No podría existir la enfermedad en el paraíso ni en el cielo ni en el Valhalla vikingo.

Desde el momento que surge el pecado, es decir, el conocimiento de nosotros mismos, el instante donde quedamos desnudos ante dios, según el Antiguo Testamento, es donde nace la enfermedad.

La enfermedad es el camino trazado por nuestra divinidad para vivir la experiencia que le permita a la consciencia expandirse, ampliarse.

Uno puede imaginarse el sabor de un fruto, pero solamente lo reconoce cuando vive la experiencia de masticarlo, como sucedió con la manzana en el paraíso bíblico.

La consciencia es capaz de ser omnipresente, pero solamente se reconoce a sí misma en todo cuando vive la experiencia de la materia. El vivir la experiencia de la materia, el ciclo de conocer para luego volver a la unidad, nos lleva a transitar el camino de la separación, y cuando se transita por este camino la enfermedad se vuelve necesaria para recobrar nuestra consciencia de unidad.

Es decir, para ampliar nuestra consciencia divina necesitamos separarnos de la unidad (paraíso) y vivir la experiencia en la materia (infierno).

Esa desconexión es lo que nos enferma. Es como una gota de mar que se separa y queda en la arena, sufre al calor del sol y se evapora (muere) para luego volver al mar tras la lluvia.

Pero cuando esa gota vive la experiencia de la desconexión, conoce un mundo totalmente diferente, cobra consciencia de sí y queda expuesta a una realidad de comprensión inigualable. ¿Cómo podría saber lo que es el calor intenso si está unida al mar?

Es la desconexión nuestro propio infierno. Eso representan los ángeles caídos, el pecado es el conocimiento y el pecado es lo que nos hace sufrir desconectados de dios o del océano cósmico.

Lo que no llegamos a dimensionar es que vivir el pecado, el conocimiento de nosotros mismos, es un tránsito, siempre existirá la posibilidad del retorno, como nos aseguró Jesús en la parábola del Hijo Pródigo. La unidad nos espera con amor, sin restricciones, y nuestro padre (la fuente divina) nos recibirá con los brazos abiertos para festejar nuestro regreso, así como se ve reflejado en la mitología vikinga cuando Odín recibe a los muertos en su mesa y celebrando.

Diversas mitologías y culturas coinciden o presentan visiones similares o comparables.

El ciclo de la vida es un tránsito del más allá a la Tierra y de la Tierra al más allá.

Como dijo el gran dramaturgo William Shakespeare: "el infierno está vacío, todos los demonios están aquí".

En la Tierra, que es nuestro infierno, vivimos la desconexión y esa desconexión nos provoca sufrimiento. Es la enfermedad encarnando en la separación.

Sufrimos la desconexión, pero nuestro ser divino amplía su consciencia desde el momento que vive la experiencia de la separación.

Podríamos decir que, tras la enfermedad, regresamos a la unidad con mayor consciencia.

58

LA RUTA DE LA ENFERMEDAD

En todo el proceso humano de miles de años jamás hemos vivido una situación similar. En un mundo de desigualdad social, el sufrimiento emocional afecta más a las personas de los países opulentos que a los habitantes de los lugares más marginados del planeta.

La explicación parece lógica. Nos hemos preocupado por contemplar un mundo basado en satisfacer necesidades materiales y nos hemos mantenido desconectados con nuestro verdadero propósito de vida, arrastrados por miedos que nos sujetan desde el mismo momento en que nacemos, sino antes.

En las sociedades opulentas la esperanza de vida casi alcanza los 80 años, mientras que en algunos de los países más pobres, no supera los 45. Es cierto que en los países más ricos se vive más tiempo. Los seres humanos podemos vivir más, pero también tenemos más enfermedades y nos sentimos más solos.

Prácticamente 1 de cada 10 personas consume antidepresivos en las sociedades más ricas y desarrolladas materialmente.

En España, por ejemplo, la Agencia Española del Medicamento, afirmó que el uso de antidepresivos se había disparado, nada menos que al 200% desde el año 2000. En España, también, la tercera droga más consumida, detrás del alcohol y del tabaco, son los tranquilizantes o sedantes.

Según la Organización Mundial de la Salud en el mundo hay 1 suicidio cada 40 segundos. Se producen más fallecimientos de esta forma que quienes mueren por malaria, cáncer de seno o por guerra. Los países más ricos, con todos los recursos sanitarios y de prevención a su disposición, tienen la tasa más alta, con 11,5 por 100.000 personas, afirma la OMS.

Con cada suicidio que se plasma, hay otros 20 intentos. Es decir, cada dos segundos una persona intenta quitarse la vida en este planeta.

Cada vez vivimos más, pero nos sentimos más solos y aislados. Cada vez vivimos más, pero nos sentimos vacíos y sufrimos por no poder conectarnos con nosotros mismos en una sociedad donde prima el consumo y la apariencia. Cada vez vivimos más, pero no sabemos qué hacer con nuestra vida.

Lo cierto es que esta situación nos ofrece una posibilidad única. Somos capaces de experimentar un milagro sin igual, un instante revolucionario desde nuestro interior. Es momento para enriquecernos realmente desde adentro, contemplar nuestra verdadera esencia y ser, no aparentar ni impresionar.

Es momento, al decir de Gandhi, de "ver la realidad con ojos nuevos" y vivir el milagro de transformar nuestro sufrimiento y aislación en unidad y amor.

Lo mejor de todo, es que no importa cómo te sientas en este momento, la transformación del sufrimiento que provoca la desconexión depende solamente de ti, aunque no estarás solo en el camino.

Como dijo Jung: "la enfermedad es el esfuerzo de la naturaleza por curar al hombre".

LOS TRES CAMINOS DE LA ENFERMEDAD

Cuando nos preguntamos cuál es el origen de la enfermedad inmediatamente deberíamos recurrir al concepto de la desconexión. El sentirnos alejados de la unidad cósmica, dios, es lo que nos lleva a transitar el camino de la enfermedad. Como se dijo anteriormente, en el paraíso, en el cielo, no existe la enfermedad.

Tomando en cuenta que la desconexión con la unidad divina es lo que nos genera sufrimiento y enfermedad, tenemos que considerar que podríamos sintetizar en tres los caminos que experimenta la consciencia para expandirse.

Por supuesto que el lector de estas líneas no tiene por qué compartir esta opinión. Es simplemente una interpretación que intenta sintetizar enseñanzas muy antiguas acerca del ser humano.

Se comparta o no esta interpretación, no está de más conocerla.

¿Cuáles son los tres caminos que toma la enfermedad?

1) Elección del alma
2) Conflicto. A) Conflicto alma-ego. B) Conflicto ego-ego. C) Conflicto alma-alma
3) Deterioro del organismo. A) Deterioro del cuerpo. B) Deterioro ambiental

1 - Elección del alma de enfermarse:

Este concepto lo han manejado civilizaciones antiguas de distintos continentes y sin tener contactos entre sí. Existe un alma que encarna en un cuerpo en la tierra. La encarnación de las almas se produce fundamentalmente por un gran propósito: vivir la experiencia en una dimensión más densa. Es decir, como se dijo en líneas anteriores, al alejarse del paraíso la consciencia vive la experiencia del conocimiento para expandirse. La consciencia divina vive la experiencia material a través del alma y previo a encarnar toma la opción de hacerlo en un organismo que tienda a vivir cierta enfermedad.

Es lo que muchos llaman enfermedades kármicas. Son aquellas que se generan por elección de la propia alma. El alma cuando decide encarnar también toma la determinación de hacerlo en un cuerpo con algún tipo de enfermedad con el propósito de vivir esa experiencia, desde una parálisis, a ser no vidente, o manco, o sordo o una enfermedad neurodegenerativa.

La persona, y su familia, envueltos en sus egos, no comprenden muchas veces el sentido de la enfermedad. En nuestra lógica material la enfermedad no implica una experiencia de aprendizaje para el alma, sino una carga casi imposible de llevar por todos, agotadora, angustiante, interminable.

En estos casos, que se da mucho en enfermedades de nacimiento o de temprana edad, sería bueno comprender que tanto el alma de quien padece la enfermedad, como las almas de los familiares que la rodean, ya eligieron antes de encarnar vivir esta experiencia.

El primer paso que tenemos que dar es el de la aceptación. La aceptación de un plan que va más allá de nuestras emociones o nuestros sentimientos o nuestros intereses. En lugar de enfrentar ese plan, tenemos que darle el mayor sentido posible y crecer en él.

Para nuestro ego no es sencillo aceptar este camino. Más bien va a pretender transitar por un sendero diferente. Y en los hechos podría hacerlo. Pero si eso ocurre y el alma no vive la experiencia, volverá a encarnar una y otra vez hasta que la viva.

Para el psiquiatra Brian Weiss, autor por ejemplo del libro Muchas Vidas Muchos Maestros, nuestra alma es inmortal y ella reencarna en distintos cuerpos de distintas épocas para aprender determinadas lecciones que le permitan evolucionar y regresar a la unidad cósmica con mayor amplitud de consciencia. Si cuando el alma reencarna en un cuerpo determinado no logra aprender lo suficiente, se generan deudas kármicas. Es decir, lo que no aprendo en esta vida lo tendré que aprender en la siguiente. Con ese cometido el alma, buscando acelerar su aprendizaje, puede elegir una enfermedad que le permita aprender la lección no aprendida en una vida anterior.

Si es una enfermedad kármica permanecerá allí hasta que el alma lo disponga. Si el alma elige una enfermedad específica es porque esa enfermedad tiene un propósito. Cuando ese propósito se cumple la enfermedad desaparece o al menos retrocede considerablemente.

El karma sería, entonces, el infierno bíblico o el no pasar la prueba de los dioses en el antiguo Egipto. También la podríamos comparar con la prohibición del dios del Antiguo Testamento del retorno al cielo de los ángeles caídos. En esta interpretación los ángeles caídos no pueden volver a la unidad divina hasta comprender que son parte de ella y no están por arriba de ella.

Es decir, el karma implica mantener la desconexión con la unidad cósmica, hasta que la consciencia haya vivido la experiencia de reconectar consigo misma, comprendiendo que ella lo es todo en todo.

2 - Conflicto:

A) Conflicto alma-ego

Esta es la base de un sinfín de terapias alternativas, como por ejemplo las Flores de Bach.

Aquí se presenta un serio conflicto, entre el alma que viene a cumplir un propósito en la Tierra y el ego que no lo acepta, o mejor dicho, el ego que pretende alejarse de su esencia divina. De alguna manera el ego está enfocado en satisfacer sus intereses materiales (reconocimiento, dinero, poder) y no es capaz de ver que el alma tiene otro propósito.

Ante esta disyuntiva el alma toma el camino de la enfermedad para advertirle al ego sobre la necesidad de seguir el rumbo planeado de antemano.

En estos casos las enfermedades abarcan todo el

espectro, desde migrañas, ataques de pánico, depresión, problemas circulatorios y vasculares, artritis o tumores.

Por eso la terapia floral de Bach es muy efectiva en estos casos, ya que comienza a romper el bloqueo entre el ego y el alma y la persona puede volver a hallar su verdadero sentido en esta vida, o mejor dicho, la reconexión con la unidad cósmica.

B) Conflicto ego-ego

Este conflicto es trabajado mucho en terapias psicológicas, ya sea en el Psicoanálisis como en el Conductismo.

Supongamos que en la niñez una persona fue víctima de bullying y esto le provocó una herida que permanece abierta. Cuando esa persona llega a la adolescencia o a la juventud puede desarrollar episodios de ataques de pánico o síndrome de indefensión, también podría desarrollar desórdenes alimenticios como anorexia y bulimia o depresión.

Es decir, un ego lastimado entra en conflicto con el ego que cree que debe sobresalir, que quiere estar mejor. La enfermedad es una respuesta a la no resolución de esa herida en el ego.

Más allá de atender la herida del ego, es vital también reconectar con el sentido del alma, para comprender el verdadero propósito de lo que venimos hacer.

C) Conflicto alma-alma

Más que un conflicto del alma es una mala interpretación. Muchas almas han padecido muertes dolorosas y extremas y tan súbitas que no se han podido dar cuenta que el cuerpo ya murió. En esos casos cuando el alma encarna en un nuevo cuerpo reproduce la misma sensación o el mismo trauma, lo que provoca una estado de desesperación y de enfermedad para la persona, ya que arrastra un conflicto que no tiene que vivir en esta vida.

En estos casos la mejor solución tiene que ver con la terapia de vidas pasadas. Allí el alma podrá sanar traumas anteriores que afectan la vida actual.

3 - Deterioro del organismo:

A) Deterioro del cuerpo

La medicina convencional explica todas las enfermedades bajo esta óptica. Existe una falla en el cuerpo y se debe corregir con fármacos. Como vimos anteriormente no siempre es así. De hecho estas enfermedades se dan más que nada al final de nuestra vida por el desgaste lógico de nuestro cuerpo.

Con el correr de los años el cuerpo va perdiendo solidez y sustancias indispensables. Pero ojo, no significa que lleguemos a la vejez llenos de enfermedades y con un sinfín de medicamentos para ingerir.

En la Antiguedad los Esenios por ejemplo no se enfermaban y superaban los 100 años de vida. Claro, eran conscientes del propósito del alma.

Hoy por hoy no lo somos.

Hoy le damos más valor a comer rico que a comer sano y luego tomamos medicamentos para compensar.

En esa lógica la única que se beneficia es la industria farmacéutica, que vende millones y millones de fármacos por año.

En nuestro sistema de creencias nos importa no morir, vivir joven, y hacerlo sin ser conscientes de nuestro estilo de vida.

B) Deterioro ambiental

Este es un aspecto muy importante para entender varios tipos de enfermedades.

Por ejemplo los problemas de la salud ocasionados por el uso del glifosato en los cultivos de soja.

Por ejemplo los problemas de la salud ocasionados por el consumo de agua «potable».

Por ejemplo los problemas de la salud ocasionados por las radiaciones inalámbricas o la contaminación del aire.

Cada vez más el ambiente nos deteriora y la mayoría de nosotros no se preocupa por exigir productos y artículos que mejoren la calidad de nuestro organismo. Buscamos la satisfacción inmediata del sabor, en general, y no la consciencia alimentaria para nutrir a nuestras células de la mejor manera posible.

DESCONEXIÓN PRIMARIA Y SECUNDARIA

Trataremos de profundizar un poco más en el vínculo entre desconexión y enfermedad. En ese sentido podríamos decir que existe una desconexión primaria y una desconexión secundaria.

La desconexión primaria tiene que ver, como hemos dicho, con el momento del "pecado", es decir, el instante donde nos alejamos de la unidad cósmica para vivir la experiencia de la vida. Es, por ejemplo, cuando el alma decide encarnar en un cuerpo.

Al hacerlo cobramos consciencia de otra realidad y nos despegamos de la unidad divina o de la fuente primaria. Esta desconexión es la que provoca que nuestra esencia divina viva la apariencia terrenal. Es el momento de vernos como gota y no como mar, al decir de Al-Hallaŷ, o alejarse de nuestra familia, como vimos con la Parábola del Hijo Pródigo.

Sin embargo tenemos que considerar que desde el instante que nos alejamos a vivir la experiencia del conocimiento, desde ese preciso momento, anhelamos retomar la conexión. De alguna forma percibimos la desconexión como un vacío que necesitamos completar.

Ese vacío, además, se manifiesta desde que nacemos como seres humanos.

Aquí es donde se vuelve importante hablar de la desconexión secundaria. Cuando estamos en la panza de nuestra madre existe una conexión con algo mayor a mí mismo. Esa sensación de conexión y seguridad perdura hasta el momento de nacer, más allá de las vivencias que pueda recoger mientras dure el embarazo (cuando en la madre aparece una sensación de miedo el niño la percibe dentro del vientre –desde el punto de vista químico siente los cambios hormonales, por ejemplo-).

Lo cierto es que dentro de la panza existe una conexión que emula de alguna manera a la conexión con la unidad cósmica. Pero al momento del nacimiento esa conexión se rompe, se corta el cordón umbilical y nos desconectamos, comenzamos a vivir la experiencia del conocimiento, de reconocerme como un ser individual.

Esa experiencia es vital para desarrollar nuestro

conocimiento, pero sin dudas la sensación de desconexión y de inseguridad nos provoca un vacío que anhelamos completar.

En un nivel ese vacío lo completamos al beber el pecho de nuestra madre. Los vínculos familiares son ahora nuestra referencia de conexión. Pero no podemos dejar de mencionar que esos vínculos familiares tienen una historia detrás que viene transmitida de generación en generación. Al nacer emulo el sentimiento de conexión perteneciendo a un "clan" familiar. Lo que no tenemos que olvidar es que ese "clan" familiar arrastra procesos de desconexión primaria y secundaria, como todos, y que también tiene el anhelo de mantenerse conectado. En esa necesidad de "sentir conexión" el "clan" muchas veces nos sujeta con sus enfermedades y nos arrastra con ellas hasta que sean liberadas. Por eso resultan tan importantes terapias como Biodecodificación o Bioneuroemoción.

Es decir, cada "clan" familiar cuenta con estrategias y herramientas para intentar completar el vacío que provoca la desconexión y ambas son transmitidas de generación en generación.

Si por ejemplo el clan desarrolla reuniones familiares con abuso de alcohol para simular una sensación de conexión, es probable que el niño o niña que nazca se incorpore con los años en ese ritual familiar, o, en caso de no hacerlo, sea considerado como la oveja negra de la familia ya que no comparte la estrategia del clan para simular la conexión.

Recordemos que tras la desconexión primaria y la desconexión secundaria nace el anhelo de conectarnos y al no poder hacerlo necesitamos sentir algo parecido a la conexión, o al menos, y esto es clave, a aliviar la sensación de estar desconectado.

Para aliviar la sensación de estar desconectados desarrollamos estrategias y todas ellas están vinculadas a mi clan o a mi comunidad. Si lleno mi vacío comiendo chocolates o teniendo mucho sexo va a depender de la información que fui recibiendo de mi clan y en la mayoría de los casos no soy consciente de ello.

En líneas generales nuestra sociedad occidental intenta aliviar la sensación de desconexión mediante la seguridad exterior, buscando la satisfacción de nuestros deseos sin darnos cuenta que ese alivio nunca nos brindará la conexión. Ni el alcohol, ni la droga, ni el cigarrillo, ni las compras, ni los viajes, ni la fama nos harán sentir plenos porque nuestra desconexión no es material.

Como no hemos aprendido desde el momento en que nacemos a desarrollar estrategias de conexión internas, sucumbimos a nuestros miedos más potentes.

¿CUÁLES SON NUESTROS MIEDOS MÁS POTENTES?

El vacío o la angustia que nos provoca la desconexión divina y luego nuestra desconexión maternal, nos vuelven dependientes de las lecciones del clan. Es nuestra familia la que, desde que nacemos, nos transmite estrategias y herramientas para completar el vacío de alguna manera.

Como sociedad occidental hemos desarrollado la estrategia de aliviar el vacío en lugar de completarlo. Lo aliviamos intentando satisfacer diferentes deseos materiales. Todos aspiramos a ser exitosos en nuestros trabajos o carreras y acceder a una seguridad exterior que alivie nuestro vacío interior.

En ese plano hemos generado dos miedos vitales, dos

miedos claves que nos ayudan a insistir en el alivio exterior de nuestro vacío.

Por un lado desarrollamos el miedo a la carencia, el miedo a no tener o el miedo a que nos falte. Este miedo es paleolítico. Desde el momento en que nos falta el alimento, por ejemplo, perecemos. O si nos falta el abrigo en invierno podemos morir de frío. Nos causa mucho miedo no tener o carecer. Por ese motivo nuestra sociedad tiene como objetivo tener, y cuanto más tengamos, mejor. De esa forma podemos explicar por qué existe tanta concentración de riqueza en el mundo de hoy, jamás se vio nada igual en toda la historia.

Por otro lado hemos desarrollado otro miedo muy potente. El miedo a no ser reconocidos o el miedo a ser rechazados. Es otro miedo paleolítico. En la prehistoria, cuando un integrante del clan era separado, moría en la intemperie. Por eso sobredimensionamos el miedo a la soledad. El miedo a la soledad, que deriva del miedo a ser rechazado o no aceptado, nos desconecta del clan y nos empuja a una sensación de vacío incontrolable. La soledad, o el sentirse solo, nos hace poner acento en la desconexión total, que justamente es la sensación que queremos aliviar.

Una persona que se siente sola, se siente desconectada. Por eso va a intentar por todos los medios vincularse con los otros, aunque en esos vínculos no exista profundidad ni sentimiento. Nuestra cultura ha desarrollado muchos vínculos vacíos, que procuran aliviar la sensación de desconexión, pero jamás la pueden completar.

Estos dos miedos son extremadamente fuertes en nuestra sociedad occidental. De hecho, ¿a qué le llamamos ser exitoso? Cuando hablamos de éxito generalmente nos referimos a acceder a un reconocimiento social determinado y a también acceder a un nivel de vida material elevado. Justamente, para la cultura occidental, una persona exitosa es una persona que ha aliviado sus dos miedos principales: a carecer y a no ser aceptado.

Hemos construido la creencia de que ser pobre es tener menos. Pero para los estoicos, por ejemplo, pobre no es el que menos tiene, sino el que más necesita.

El que persigue el éxito desmedido es el que menos conexión tiene consigo mismo y más necesita aliviar esa sensación.

Una persona que cuenta con un buen pasar económico y con reconocimiento social es exitosa. En realidad ha tenido éxito en aliviar sus dos miedos y por lo tanto en lograr escaparse de la sensación de desconexión.

Pero eso no dura para siempre.

Esa sensación de desconexión se manifiesta de alguna manera por más éxito material y social que tengamos. La enfermedad es posible que no demore en aparecer. Y en este caso llega a socorrernos, aunque no lo pareza.

ALGUNAS ESTRATEGIAS QUE DESARROLLAMOS PARA ALIVIAR NUESTRA DESCONEXIÓN

Ante el vacío que nos provoca la desconexión hemos desarrollado infinidad de estrategias para aliviar esa sensación. Recordemos, como bien explica el Yin y el Yang, todos anhelamos reestablecer nuestra conexión, ya seamos conscientes o no.

En nuestra cultura occidental procuramos aliviar la desconexión desarrollando nuestros miedos a la carencia y a la no aceptación. Al construir esos miedos, implementamos estrategias para no sentirlos.

1) Sistema de creencias basado en el éxito y en el fracaso

Tenemos arraigado el concepto de que la vida es una lucha. Tenemos que luchar por la aceptación y por tener. Nuestra sociedad tiene determinados requerimientos para brindar aceptación: desde el color de piel, la profesión e incluso la estética personal y familiar. En esa lógica, todos vivimos en competencia. Todos queremos saber si el otro tiene más, es más lindo o tiene una mejor profesión o actividad que la mía.

Si percibimos el mundo de esa manera es coherente que lo polaricemos en éxito y fracaso. Si poseo determinados atributos soy exitoso y si no los poseo soy un fracasado. En este caso el fracaso conlleva a una emoción de inseguridad y baja autoestima.

El fracaso debe ser evitado a toda costa en nuestro sistema de creencias. Necesitamos perseguir el éxito, pero cada vez que lo perseguimos, más aumenta la desconexión y el vacío.

2) *Sentir conexión forzada*

Este elemento es muy común en occidente. Forzamos "conexiones" que alivien nuestra angustia. Ya sea en relaciones de pareja o en vínculos familiares "obligatorios". Generamos un vínculo de lealtad familiar obligado o forzado que nos lleva a creer o sentir que estamos conectados al clan. Así vemos relaciones de pareja o de matrimonio donde no existe el sentimiento de amor, por ejemplo. O relaciones sexuales vacías, esporádicas y sin sentido. Lo que pretendemos es sentir el alivio del vacío, pero lo hacemos transitoriamente. Al no lograr una plenitud existencial, nos refugiamos en relaciones incompletas, incluso tóxicas.

Por otra parte esa sensación de soledad nos lleva a sentir añoranza de vínculos obligatorios de tipo corporativos, bien claros en agrupaciones de extrema derecha. El filósofo Byung-Chul Han lo explica muy bien en sus libros.

"El neoliberalismo conduce a un vacío y angustia existencial. Y siempre destruye más seguridad, más y más enlaces. Ninguna profesión es inmune hoy. Nadie se siente seguro en este sistema puramente competitivo. Muchos padecen ansiedades difusas: miedo a no estar a la altura, a fracasar, a abandonar. Nada es sólido, nada es duradero. Vivimos en una sociedad de miedo. Surge así una nostalgia por el vínculo obligatorio...".

El vínculo obligatorio es el último grito de desesperación para intentar aliviar nuestra sensación de soledad provocada por la desconexión.

Sin dudas que en ese recorrido la enfermedad tiene su razón de ser. ¿Qué tipo de relación sana puedo construir desde un vínculo obligatorio? Una pareja o una comunidad que están enlazadas desde la fuerza o desde la obligatoriedad para sentir alivio por la desconexión, ¿qué salud pueden desarrollar?

Las enfermedades de todo tipo no tardarán en manifestarse, desde la depresión, la tristeza, incluso el suicidio, o adicciones, crisis de pánico, desórdenes alimenticios y de conducta, dolores articulares o problemas respiratorios o de circulación. A la larga, de alguna forma se manifiesta una enfermedad que intenta mostrarnos cuán alejados estamos de nosotros mismos, de nuestra conexión divina, de nuestra plenitud.

3) La educación del miedo

Nuestro sistema educativo está diseñado para inculcarnos nuestros miedos principales.

En los sistemas de enseñanzas preparamos a nuestros hijos a capacitarse para el mercado laboral para que "sean alguien" en la vida.

En la educación depositamos nuestros miedos a la carencia y a la no aceptación. Ella es la ruta principal para abastecer a nuestros hijos de soluciones que les permitan sobreponerse a esos miedos y tener éxito, alcanzar una carrera que les otorgue seguridad económica y tener compañeros que les brinden aceptación social.

Por supuesto muchos de nuestros niños y jóvenes quedan por el camino y no acceden al éxito que les permita aliviar sus miedos. De este grupo de personas estancadas o "fracasadas" para el sistema surgen delincuentes que toman el camino corto del éxito.

La llamada delincuencia es justamente llegar al éxito por fuera de la legitimidad social. Pero el delincuente tiene como objetivo conseguir la seguridad económica y el reconocimiento social de sus pares. Es decir, el delincuente busca aliviar sus miedos principales y desde allí crea códigos del crimen que le permiten aliviar su sensación de desconexión.

La escalera de la educación o la "carrera" criminal persiguen los mismos objetivos con estrategias diferentes: aliviar los miedos teniendo éxito económico y social.

Tanto dentro del sistema educativo como por fuera inculcamos nuestros miedos sociales, domesticamos a nuestros hijos y adolescentes a intentar aliviar la sensación de desconexión en lugar de tomar el camino de la plenitud.

El problema es que en ese sistema que desarrollamos el no tener éxito enferma, o mata (como les sucede a varios criminales).

4) *La evasión del miedo*

Una estrategia típica de nuestra cultura es la evasión del miedo. Las personas que han tenido cierto éxito económico se darán cuenta inmediatamente de lo que digo.

Evadimos el miedo en la cultura del consumo. Compramos artículos que apenas usamos, o adquirimos alimentos que alivian nuestra sensación de hambre constante, que es lo mismo que nuestra sensación de sentirnos conectados. Pero el alimento no nos conecta, por el contrario, nos evade de sentir el vacío.

Otros evaden el miedo desde el ejercicio constante o viajando mucho o simplemente yendo de shopping. Otros lo hacen concurriendo a bares o a comilonas donde comparten reuniones con amigos y familiares que alivian la sensación de soledad y desconexión. Allí aparecen los abusos de comida y bebida. Pero una vez que finaliza el ejercicio o el viaje o las compras o la reunión de amigos, la desconexión vuelve a visitarnos. Necesitamos evadirla nuevamente, de forma constante. Y tras un viaje, queremos otros y nos endeudamos para zafar de la sensación de vacío. O tras una comilona, planificamos la próxima, para emular una sensación de pertenencia a algo más allá de mí mismo.

Pero esos vínculos no son plenos, son artificios, obras de teatro, que nos permiten evadirnos del vacío interior que nos provoca la desconexión.

Así por ejemplo vemos claramente el operar humano en las redes sociales. Aplicaciones como Tinder o Happn nos permiten alejarnos del vacío todos los días conociendo a alguien diferente, en vínculos esporádicos que no pueden calmar jamás la sensación de soledad.

Generamos vínculos líquidos, sin sustancia, solamente para aplacar la desconexión "conectándonos" un par de horas con alguien que utilizo para satisfacerme transitoriamente.

Las redes sociales también son utilizadas para aliviar nuestro miedo a la no aceptación. ¿Qué son las selfies sino una forma de sentirnos aceptados? ¿Para qué buscamos más Me Gusta en Facebook o más seguidores en Instagram? Nos vinculamos con personas que no conocemos y tampoco nos interesan, salvo para aliviar nuestra necesidad de sentirnos aceptados.

El problema se presenta cuando esa necesidad de aceptación no se colma jamás. Si tenemos mil seguidores queremos tener dos mil, al llegar a dos mil queremos tener tres mil. Nunca paramos. Si subimos una foto donde nos producimos para tomarla, queremos más me gusta, y si no los conseguimos surge la frustración, la culpa, la tristeza, incluso la depresión y hasta el suicidio.

Depositamos en el exterior nuestro alivio a la

desconexión.

5) *El alivio del poder*

Muchos de nosotros generamos relaciones verticales, propias de nuestra sociedad occidental. No en vano desarrollamos una cultura patriarcal, de dominio y sumisión.

Tanto el dominio como la sumisión son caras de la misma moneda. Una persona con poder siente que alivia su desconexión al vincularse desde el dominio con otro. Mientras tanto, en una persona sometida ocurre una sensación similar. Alivia su desconexión sometiéndose a alguien con "poder".

Así surgen líderes mediáticos con muchos seguidores que toman como palabra santa su mensaje, o, en un nivel más micro, lo podemos ver en un matrimonio o en una relación padre e hijo.

Vínculos verticales, es decir, provistos de poder, generan alivio para quiénes los ejercen. Esa sensación falsa de estar conectado con otro más fuerte o más débil parecería aliviar la sensación de vacío, pero en el mediano o largo plazo eso no ocurre y aparecen las somatizaciones, como alergias, problemas intestinales o incluso cáncer.

La desconexión se somatiza. La enfermedad procura devolvernos nuestro sentido de conexión rompiendo la creencia que hemos construido de aliviar el miedo.

El conflicto entre nuestro sistema de creencias con la sensación de desconexión se manifiesta con la enfermedad.

Como no tenemos claro cómo resolver el conflicto entre lo que creemos que tenemos que hacer y lo que sentimos, la angustia nos invade a cada segundo. Y lo que hacemos es evidente: aliviarla, esconderla, taparla.

De esta manera muchos nos refugiamos en los celulares, nos aislamos, exploramos el mundo de las drogas, el alcohol, el cigarrillo, generamos trastornos alimenticios, o nos rebelamos a todo lo que nos pasa. Y en algunos casos, muchos más de los que nos imaginamos, elegimos no vivir más como estábamos viviendo y nos quitamos la vida o pensamos en hacerlo o nos sumergimos en una profunda depresión.

Eso es falta de sentido, o mejor dicho, falta de plenitud, de conexión. Continuamos alejándonos de nuestra propia divinidad, de la unidad cósmica.

Esa falta de sentido como dice el filósofo Baudrillard nos provoca una urgencia por vivir irremplazable. "La necesidad de hablar, incluso si uno no tiene nada que decir, se vuelve más acuciante cuando uno no tiene nada que decir, así como la voluntad de vivir se hace más urgente cuando la vida ha perdido su significado".

Cuanto más nos alejamos de nuestra unidad divina, es decir, cuanto más profunda es nuestra desconexión, menos significado le hallamos a la vida y más vacío sentimos. Al invadirnos un vacío tan imponente, buscamos aliviarlo desesperadamente.

Pero al hacerlo, o mejor dicho, cuanto más lo hacemos, cuanto más nos alejamos, más temprano aparecerá la enfermedad que intente reestablecer el equilibrio.

La buena noticia está en lo que planteó hace muchos años Viktor Frankl: "si no está en tus manos cambiar una situación que te produce dolor, siempre podrás escoger la actitud con la que afrontes ese sufrimiento".

¿Y cuáles son las actitudes que tomamos ante una situación que consideramos adversa?

LOS TRES CAMINOS DEL ALMA

Nuestra alma cuenta con tres recorridos para transitar ante una situación "adversa", o mejor dicho, para intentar convivir con el sufrimiento provocado por la desconexión divina. Aquí veremos cada uno de ellos, recordando que lo que se plantea es una interpretación de determinadas experiencias de vida. No tienes que creer nada de lo que conjeturo aquí, es solamente una orientación.

Lao-Tsé nos regaló una frase genial: "aquello que para la oruga se llama fin del mundo, para el resto del mundo se llama mariposa".

Las formas en que interpretamos lo que nos sucede van a definir nuestro accionar y lo que atraemos, consciente o inconscientemente. Lo hermoso es que tenemos la capacidad para transformar esa interpretación, aunque a veces no tengamos las herramientas y habilidades emocionales para hacerlo.

Hemos diseñado un sistema que nos alumbra fundamentalmente el camino de la insatisfacción. Desde allí, desde ese vacío interior, lo que sucede a nuestro alrededor es muy difícil concebirlo de otra forma que no sea desde el miedo, como explicaremos más adelante.

Gran razón le asistía al anarquista Emile H. Gauvreay cuando afirmaba que "hemos construido un sistema que nos persuade a gastar el dinero que no tenemos en cosas que no necesitamos para crear impresiones que no durarán en personas que no nos importan". Desde esta visión de mundo, toda apariencia se vuelve insatisfacción.

Y la insatisfacción es el primer camino que el alma nos hace seguir, justamente para entender que en él solo tendremos sufrimiento y angustia.

La insatisfacción es la desconexión plena con la unidad cósmica. La insatisfacción es lo que derivó en que los ángeles se rebelaran en el cielo o que Eva tomara la manzana.

Por otra parte, en algunos casos intentaremos adaptar y transformar ese sufrimiento a nuestros intereses. Generaremos espacios nuevos y actitudes nuevas en nuestra mente, aunque no será suficiente. Segundo camino del alma.

Finalmente, algunos, ante el dolor y la angustia, ante la adversidad, ante la insatisfacción, ante el sufrimiento agobiante, tomarán el camino más difícil, pero el más pleno, el de aceptar y aprender, volviéndose mejores personas que ayer, alcanzando una liberación emocional que brinda paz y calma interior.

El camino de la conexión con la unidad divina.

Este camino lo sintetiza muy bien Alan Watts al decir que "la relación de uno mismo con los demás es la realización completa de que amarse a uno mismo es imposible sin amar todo lo que se define distinto a uno mismo".

En esa línea podríamos sostener que el propósito de nuestra existencia es reconectar con la unidad sagrada y el único camino posible es el amor, el amor entendido como amarme amando todo lo que existe.

Pero ese camino en la mayoría de los casos no estamos preparados para recorrerlo.

94

PRIMER CAMINO: EL EGO ROTO. FRUSTRACIÓN Y VICTIMIZACIÓN

El primer camino que tomamos los seres humanos es el más común. Ante una situación adversa nos refugiamos en la frustración y la victimización.

En líneas generales cuando la realidad no se presenta tal cual lo deseamos, el ego, al estar alejado del alma, la esencia divina, reacciona desde la frustración y se victimiza.

Surgen en la persona emociones como el enojo, la ira, la rabia, la tristeza, la melancolía, el desánimo, por situaciones que no son como uno quiere que sean o como uno espera que sean.

Cuando vemos la realidad con determinadas expectativas que deben cumplirse para nuestra satisfacción y éstas no se concretan, nuestro ego estalla en frustración y se pregunta "¿por qué a mí?".

Esto es muy común en nosotros. Los seres humanos, al estar desconectados de la unidad cósmica, vemos la realidad como algo que debe satisfacernos y cuando no ocurre, como en la mayoría de las veces, nos frustramos.

Así como un niño se frustra cuando ve un caramelo y no lo recibe o cuando otro niño tiene un juguete que él desea, nosotros los adultos recorremos mecanismos similares cuando nuestras expectativas no se cumplen.

Desde el ego vemos la realidad como una extensión de nuestros deseos y cuando esa realidad no devuelve lo que esperamos de ella las llamadas "emociones negativas" fluyen en cada segundo.

Todos nuestros miedos se manifiestan en ese instante. Si lo que busco es aliviar mi miedo a la no aceptación subiendo una imagen en traje de baño en la playa y no tengo muchos Me Gusta, me frustro y me victimizo. "Nadie me mira", "no sirvo", "no les gusto", "¿qué tengo que hacer para que me vean?", "nadie me quiere", "¿por qué me pasa esto ahora?".

Es como dijo una vez Haruki Murakami: "La primera vez que te conocí sentí una especie de contradicción en ti. Tú estás buscando algo, pero al mismo tiempo, estás huyendo de todo lo que vale la pena".

Desesperados para que la realidad nos devuelva el alivio

de nuestros miedos, vivimos en la contradicción. La contradicción de buscar y buscar el alivio de nuestro vacío, huyendo de él, sin comprender que lo que vale la pena realmente es aprender a conectarnos con nosotros mismos, recobrando el sentimiento de unidad cósmica desde el mismo vacío.

Así ha sido nuestra historia.

El antropólogo Claude Lévi-Strauss lo explicó a la perfección: "La humanidad está constantemente en contacto con dos procesos contradictorios, uno que tiende a instaurar la unificación, mientras que el otro trata de mantener o restablecer la diversificación".

En nuestro interior ese conflicto es también constante. Una fuerza o energía nos lleva a separarnos y aislarnos, pero por otra parte existe una fuerza o energía que nos lleva a anhelar sentirnos conectados con algo más que yo mismo.

Pero cuando tomamos el camino del ego, el camino de la frustración y victimización, pretendemos satisfacer nuestros deseos e intereses y sentir alivio por nuestra desconexión. En este camino no somos capaces de comprender la unidad porque no somos capaces de sentir el amor en todo lo que es.

El miedo nos domina y nos hace suponer que si el

exterior no nos satisface, estamos amenazados de no ser.

Por eso la "unidad" es una proyección medida por la satisfacción. En el camino del ego creemos o construimos la idea de que satisfacer nuestros deseos de tener y de ser aceptados es lo que nos va a permitir aliviar nuestro vacío. Y así es, es verdad. Cuando obtenemos más Me Gusta o ganamos más dinero o alcanzamos un lugar de privilegio o un auto Ferrari, aliviamos el vacío, pero no lo completamos.

Estamos todo el tiempo procurando aliviar nuestro vacío provocado por la desconexión tomando el recorrido inverso. Es decir, para aliviar el vacío nos desconectamos más, nos separamos más, "pecamos" más.

Por otra parte surge un gran problema en aquellas personas que no pueden satisfacerse, la gran mayoría. Hay personas que pueden acceder a un Ferrari, pero la mayoría de los seres humanos no. Allí resurge la frustración, inspirada en el miedo de no tener o de ser rechazado.

Para ilustrar este concepto me pareció apropiado utilizar un ejemplo familiar.

En octubre del año 2019 mi padre presentó una infección generalizada. Los médicos, cuando ingresó al

CTI, no fueron muy optimistas y de hecho nos señalaron que existían grandes chances de que falleciera en las próximas horas. Sin embargo mi padre, junto con los médicos, obvio, logró revertir su situación.

El "problema" familiar no se frenó allí. Tras salir del CTI mi padre quedó muy debilitado y ya no podía arreglarse por sí solo. Había perdido mucha autonomía física y presentaba cierto deterioro cognitivo. Le preparamos un dormitorio lo mejor posible para que pudiera estar más cómodo y además cerca del baño. Al otro día mi hija ingresa al baño y quedó asombrada por lo que vio. Las paredes y la pileta tenían rastros de heces de mi padre. Inmediatamente mi hija, que esperaba que la realidad le mostrase el baño limpio, se enojó. "¿Por qué me pasa esto a mí?". La culpa era de la realidad que no le devolvía lo que ella esperaba. La culpa era de su abuelo y por lo tanto se enojó con él. Día tras día pasaba una situación de enojo. Y el enojo se empezaba a acumular, no solo por el tema del baño: comida tirada en el piso, puertas abiertas en la madrugada, y situaciones de ese tipo. Mi hija se había convertido en la víctima de su abuelo.

Pero la situación se agravó. Porque me desbordó y yo también me enojé. Intenté ver opciones con él con el tema del baño y la comida y cada acuerdo al que llegábamos mi padre lo rompía o no lo respetaba. Así que yo también empecé a discutir con él y a colocarme en el lugar de víctima. Primero apareció la frustración por no poder resolver la situación y luego fue creciendo la victimización, el echarle la culpa al afuera, al otro, al exterior, o sea, a mi padre.

Este tipo de situaciones las vemos todo el tiempo a nivel familiar. Una madre que responsabiliza a sus hijos por su malestar, hijos adolescentes que culpabilizan a sus padres porque no los entienden, padres que depositan en sus hijos sus deseos; por ejemplo que el hijo siga la tradición familiar con una profesión (si el padre ese abogado puede pretender que su hijo lo sea). Esposas y esposos que depositan en el otro su infelicidad. Empleados que depositan en sus jefes su malestar laboral por hacer una tarea que no los satisfacen. Niños que se burlan de otros por lo que tienen o lo que les falta. Y así podríamos seguir.

En el camino del ego la culpa es de los demás y no entendemos por qué nos pasa eso a nosotros en ese momento. Algunos hasta hablamos de que es un castigo de dios o nos preguntamos qué hicimos para merecer algo así.

En este camino intentamos manipular a la realidad para que nos devuelva lo que deseamos.

Desde el punto de vista de la enfermedad, tiende a

ampliarse. Aquí vemos con claridad los conflictos alma-ego o ego-ego. La enfermedad la creamos o la manifestamos para reequilibrar nuestro alejamiento del alma o de la unidad divina.

Al pretender aliviar el vacío desde la manipulación y la victimización la enfermedad se manifiesta cada vez con mayor potencia. Por supuesto que en este camino la enfermedad no es vista como una manifestación de nuestra desconexión, sino como un agente externo que nos hace daño. Culpabilizamos a la enfermedad por lo que nos hace, en lugar de comprender que esa enfermedad es una manifestación de nuestro conflicto interior.

Si somos incapaces de ver ese conflicto, la enfermedad va a continuar persistiendo y vamos a interpretarla como un castigo externo, "¿qué hice yo para merecer esto?", "¿por qué le pasa eso a mi hijo y no a otros?"

En el caso de mi padre fue evidente las sensaciones, ¿por qué tengo que vivir esa situación?

Pero en la medida que empezaba a comprender mis reacciones respecto a la nueva situación familiar, también, lentamente, iba dándome cuenta de que en lo personal algo no estaba haciendo bien. Estaba anteponiendo mis intereses, es decir, separaba mi interés del interés de mi padre, nos distanciaba, y de a poco fui comprendiendo que ese no era el camino.

SEGUNDO CAMINO: EL EGO, LA ADAPTACIÓN Y TRANSFORMACIÓN

El segundo camino que podemos tomar tiene que ver con adaptarnos para luego transformar la realidad que no nos devuelve lo que deseamos para que lo haga.

Esto es clave. Transformamos la realidad para que nos retribuya con lo que creemos que necesitamos.

El punto esencial en este recorrido es que salimos de la frustración, dejamos de colocarnos como víctimas e intentamos controlar lo que sucede.

No esperamos que la realidad cambie y nos devuelva lo que queremos, sino que la transformamos nosotros mismos.

En estos casos me gustaría usar como ejemplo una película preciosa que se llama "El niño que domó el viento" y que fue realizada en el 2019.

La historia es muy bien narrada por su director. Un niño

de 13 años de Malaui que aprende cómo construir un molino de viento para salvar a su pueblo de una hambruna.

La realidad no le devolvía a la comunidad lo que necesitaba: agua para los cultivos. No llovía y la frustración aumentaba en las familias. Los adultos le echaban la culpa al tiempo y se victimizaban. La comunidad había tomado el primer camino del alma.

Pero no el niño. Él tomó otro camino. Comenzó a investigar de qué manera podía resolver la situación de falta de agua para los cultivos y logró descubrir cómo hacer un molino de viento con una bicicleta y metales viejos. A pesar de que muchos le decían que desistiera, incluido su padre, el niño siguió adelante. Se adaptó con lo que tenía y halló la forma de construir un molino de viento para llevar agua a la tierra. A partir de una circunstancia adversa el niño transformó la realidad para obtener lo que necesitaba, no solo é, sino toda la comunidad.

A nivel de nuestra cultura tendemos a valorar mucho cuando alguien transforma la realidad. En algunos casos los llamamos héroes o heroínas. Son personas que trascienden la frustración, se adaptan a la realidad con lo que está a su alcance y la transforman para que ésta le devuelva lo que quiere.

A este tipo de situación podríamos llamarle "ego positivo". El ego logra lo que desea de la realidad transformándola.

El ser humano deseaba llegar a la luna y los primeros astronautas que lo hicieron fueron consideradores héroes. Los avances tecnológicos se encuentran en este camino. No queremos sentir más frío e inventamos el aire acondicionado y así podríamos seguir casi infinitamente. Piensen en cualquier ejemplo y el resultado sería el mismo.

En la situación de mi padre fue lo que hicimos. Contratamos una persona que estuviera tiempo con él y se encargara de la limpieza, por ejemplo. Nos adaptamos a la situación y transformamos la realidad para sentirnos más cómodos, para recobrar nuestra zona de confort.

El problema se presenta cuando todo el tiempo estamos manteniendo nuestra zona de confort. Llega un momento que el sentido del alma se manifiesta inexorablemente. Al alma no le interesa la zona de confort, está abocada a vivir una experiencia para expandir su consciencia. Por lo tanto, ya sea por tomar el camino de la frustración y victimización, o por tomar el camino de la adaptación y transformación, recorridos ambos tomados por el ego, el alma permanece anhelando la conexión divina. Y si esa conexión no se reestablece, la enfermedad aparece sin apelaciones.

Por supuesto que cuando aparece la enfermedad, que en ambos caminos es un problema generado fuera de nuestra responsabilidad, buscamos victimizarnos con ella o transformar la realidad: buscamos medicamentos, nuevos médicos, nuevos tratamientos, más ejercicio, dietas extravagantes. En ambos casos nuestro objetivo es recobrar la zona de confort, como está sucediendo ahora con el coronavirus. Todos queremos volver a la "vieja normalidad" y estamos dispuestos a recurrir a vacunas experimentales o a estados de sitio donde la libertad queda relegada por la seguridad.

Queremos que la realidad nos devuelva lo que deseamos.

Cuando nuestro objetivo es ese, es el momento donde estamos más lejos de nuestra esencia, de la unidad cósmica. Es el momento donde estamos más separados de la fuente divina. Es el momento de los ángeles caídos que se separan de dios. Es el momento del EGO, sí, con mayúsculas.

Allí no hay unidad divina.

Y una forma que tiene el alma de recobrar la unidad es con el sufrimiento, con el dolor, con los "cardos y espinas".

¿De qué otra manera podríamos comprender que lo que deseamos está inspirado en nuestros miedos terrenales, en nuestros vacíos más profundos?

¿De qué otra manera podríamos comprender que estamos conectados a todo lo que vive y que todo lo que vive no está para satisfacernos cada vez que nosotros queramos?

TERCER CAMINO: ACEPTACIÓN Y APRENDIZAJE

EL CAMINO DEL MAESTRO

Este camino no es el más sencillo de seguir. De hecho nos hemos educado en general a transitar por el primer camino. Nuestros sistemas educativos nos ayudan a desconectarnos de nuestra esencia y de la unidad cósmica, priorizando las necesidades del ego.

El sistema educativo occidental aspira a desarrollar la competencia entre individuos en lugar de desarrollar los talentos y dones que cada uno de nosotros tenemos.

De generación en generación transmitimos nuestros miedos más potentes y la educación ha sido cimentada en ellos.

Por eso nos resulta complejo salir de ese anclaje y comprender que estamos destinados a integrarnos a la unidad divina, más allá de lo que tengamos o de lo que nos falte, más allá del supuesto éxito que hayamos tenido.

Cuando entendemos el camino de la aceptación y aprendizaje, lo que muchos llaman el Camino del Maestro, todo se vuelve más claro.

Hay que personas que lo transitan desde una forma intuitiva, sin saber que existe. Hay otros que necesitan una orientación y que están prontos y dispuestos a recorrerlos. También hay otros que no les interesa conocer esta posibilidad, atrapados en la lucha del ego por sobrevivir en un mundo de insatisfacción.

Tarde o temprano el Camino del Maestro se nos presenta. Y quien nos lo muestra es un ser muy cercano: un padre, una madre, un hijo, una esposa o un esposo.

En mi caso, como les dije, lo vislumbré con mi padre.

Estamos llenos de momentos y personas que nos muestran la posibilidad de recorrer el Camino del Maestro: el de aceptar y aprender. Pero al permanecer ensimismados en nuestro ego, en nuestros intereses, en nuestros deseos no satisfechos, en una realidad que esperamos que nos devuelva lo que queremos, no somos capaces de ver todo lo que tenemos para aprender. La verdadera educación está en la persona más cercana, no en la universidad. Son las personas más cercanas a nosotros las que nos pueden enseñar lo que venimos a aprender en esta vida.

El alma nos conecta con aquellos que nos enseñan. Por supuesto que también nosotros enseñamos.

Generalmente en las discusiones de pareja o familiares nos manejamos en el primer camino. La culpa es del otro. Estoy irritado o enojado por algo que el otro me hizo. El vínculo que se genera es desde dos egos que tienen intereses diferentes de acuerdo a sus miedos más profundos.

El Camino del Maestro es el camino del amor. En lugar de enojarme con el otro porque no me devuelve lo que yo quiero, puedo aceptar que el otro me está enseñando algo y aprender qué me está diciendo de mí mismo para ser mejor que ayer.

Esa es la clave, ser mejor que ayer es aprender lo que el otro tiene para enseñarme. Y el camino para eso tiene que estar pleno de amor. Solo desde el amor pleno se puede aprender con plenitud. El amor implica aceptar al otro por lo que es, no por lo que tiene o por lo que le falta, sino por lo que es. Al aceptar al otro como un maestro en mi vida puedo reconocerme a mí mismo también como un maestro. Ese aprendizaje es lo que nos permite reconectarnos con la unidad divina.

El camino guerrero de los vikingos es el que podía colocarlos en el Valhalla en la ciudad de Asgard gobernada por Odín. Al morir en batalla esos guerreros eran conducidos por las valquirias hasta la mesa del gran dios nórdico.

El guerrero tenía que aprender a ser mejor y para eso la batalla resultaba clave. En la batalla ese guerrero se medía y aprendía. Aceptaba la batalla como un camino de aprendizaje para conectarse con la unidad divina.

En nuestro caso la batalla surge con nuestros seres queridos. Ellos son los nos brindan el combate para aprender a ser mejores. Los vikingos aceptaban esa batalla como un camino hacia el Valhalla, la unidad divina. En cambio nosotros vemos esa batalla no como un camino hacia la conexión cósmica, sino como una forma de obtener lo que el ego desea. Si el ego necesita cariño de su pareja, se enoja si no lo recibe en lugar de aceptar y aprender de esa situación. No es la pareja quien tiene que otorgarme cariño. En ese momento tengo que aprender que el cariño tiene que brotar de mí, y cuando eso sucede, ya no necesito mendigarlo.

El otro es mi maestro. El otro es mi reflejo en el espejo mostrándome lo que puedo mejorar.

En el caso de la situación planteada con mi padre lo podemos ver con claridad. En varias de mis publicaciones he hablado de la humildad y de su importancia. Y mi padre me mostraba que yo no era humilde con él. Así que en el Camino del Maestro, en el Camino del Amor, acepté mi falta de humildad en el trato con mi padre. Al verlo pude mejorarlo. Tomé un balde, desinfectante, trapos, guantes, y limpié el baño cuando hacía falta. Acepté que no era lo suficientemente humilde para limpiar las "suciedades" de mi padre y empecé a hacerlo. En varias de mis publicaciones hablé de la tolerancia y del respeto. Sin ellos es muy difícil transitar el camino humano. Pues bien, me di cuenta que en varias oportunidades me enojé con mi padre por la situación y no fui tolerante con él, incluso en algún momento no le hablé bien, al estar cansado de que la realidad no me devolviera lo que yo quería. Pude darme cuenta y aprendí a ser más tolerante y respetuoso con él, y por supuesto, conmigo y con todas las personas. Tanto la lección de humildad como la del respeto se aprende para todos. Eso es lo que nos ayuda a volvernos mejores. En varias de mis publicaciones, también en esta, he hablado de la importancia del amor. Y en la frustración y en el enojo por la situación en lugar de conectarme con mi padre desde el amor, lo hice desde el cansancio, el estrés, desde la irritación. Entonces pude darme cuenta que tenía toda una dimensión para mejorar en mí mismo. Acepté que no me brindaba plenamente a mi padre y aprendí a hacerlo mejor. Aprendí a sentir amor en mí y en él. Y cuando uno acepta y aprende, el mundo cambia, se vuelve otro, irradia paz, irradia alegría, irradia sentido y propósito.

Es el instante donde todo tiene sentido y donde el vacío de desconexión comienza a disiparse. Es un momento donde brota de nosotros una sensación de plenitud total, de conexión con nosotros mismos, siendo capaces de conectarnos a todo lo que es y a todo lo que vive.

Es sentir que emerge una fuerza tan poderosa que me une y me completa. Es el paraíso en la Tierra.

Desde este camino muchos síntomas comienzan a aliviarse o incluso a desaparecer. Es un recorrido único, donde un cambio de consciencia se produce. La enfermedad que estaba presente para ayudarme a reconectar, ya no tiene sentido de ser y se diluye o alivia.

Hay una frase de Jung que contempla lo que se está diciendo en este texto: "Aquellos que no aprenden nada de los hechos desagradables de sus vidas, fuerzan a la consciencia cósmica a que los reproduzca tantas veces como sea necesario para aprender lo que enseña el drama de lo sucedido. Lo que niegas te somete. Lo que aceptas te transforma".

Nuestro ego intenta negar el hecho desagradable o la situación adversa. Intenta negarlo porque es su modo de sobrevivir en un mundo que pretende ocultar la insatisfacción eternamente. Pero al hacerlo, al negar lo que la realidad nos devuelve, la situación se repite una y otra vez hasta que podamos hallarle un nuevo sentido a la adversidad.

Negar es mantenerse alejado de la unidad cósmica. Negar es separarse de la fuente divina, permanecer como gota apartada del mar. Negar es vivir en la lógica del miedo, abrazados al vacío.

Jesús dijo: "La verdad os hará libres".

Al aceptar y al aprender el mundo, cambio, porque yo estoy cambiando. Al ver la realidad con ojos nuevos todo se transforma sin proponérselo.

"Nadie se ilumina fantaseando figuras de luz, sino haciendo consciente su oscuridad", nos enseña otra vez Jung.

Para transitar por el Camino del Maestro o el Camino del Amor, es vital aceptar mi oscuridad, hacerla consciente, para aprender a iluminarla. Al ver la verdad de lo que hago soy capaz de alcanzar la libertad.

Permanecer en la oscuridad es mantener la constante de la desconexión, es mantenerme en el pecado, en la necesidad del conocimiento. En cambio, iluminar la oscuridad implica reconectar conmigo mismo como parte de un mar cósmico donde todo es y yo soy en él.

Es el momento de darse cuenta que somos parte de un mar de divinidad, el momento en que los ángeles regresan a casa y en que la oruga se transforma en mariposa para elevarse al cielo, al Valhalla, al paraíso, a la luz eterna, a nuestra esencia verdadera.

ACERCA DEL AUTOR

Rafael S. Cabal se ha dedicado a las terapias alternativas desde 1990. Con sus más de 30 años de experiencia ha logrado pulir su visión sobre la enfermedad, como se puede ver en las distintas publicaciones que ha realizado.

¿Te gustó el libro? Si lo deseas puedes dejar una reseña sobre tu impresión.

¡GRACIAS!

RECOMENDAMOS LIBROS

www.recomendamoslibros.com

www.ingramcontent.com/pod-product-compliance
Lightning Source LLC
Chambersburg PA
CBHW071444130726
47997CB00006B/2223